Edmund Husserl

Phänomenologische Psychologie

e-artnow 2018

Edith Stein
Eine Untersuchung über den Staat

Friedrich Schelling
Gesammelte Werke: Die Quelle der ewigen Wahrheiten, Die Natur der Philosophie als Wissenschaft & Philosophie der Offenbarung

Edmund Husserl
Cartesianische Meditationen und Pariser Vorträge

Edmund Husserl
Über den Begriff der Zahl: Psychologische Analysen

Johann Gottlieb Fichte
Das System der Rechtslehre

Edmund Husserl

Phänomenologische Psychologie

Klassiker der Phänomenologie

e-artnow, 2018
Kontakt info@e-artnow.org

ISBN 978-80-268-8760-7

Inhaltsverzeichnis

Phänomenologie

»Phänomenologie« bezeichnet eine an der Jahrhundertwende in der Philosophie zum Durchbruch gekommene neuartige deskriptive Methode und eine aus ihr hervorgegangene apriorische Wissenschaft, welche dazu bestimmt ist, das prinzipielle Organon für eine streng wissenschaftliche Philosophie zu liefern und in konsequenter Auswirkung eine methodische Reform aller Wissenschaften zu ermöglichen. Zugleich mit dieser philosophischen Phänomenologie, aber zunächst von ihr nicht geschieden, erwuchs eine neue, methodisch und inhaltlich ihr parallele psychologische Disziplin, die apriorische reine oder »phänomenologische Psychologie«, die den reformatorischen Anspruch erhebt, das prinzipielle methodische Fundament zu sein, auf dem allein eine wissenschaftlich strenge empirische Psychologie zu begründen ist. Die Umschreibung dieser dem natürlichen Denken näher stehenden psychologischen Phänomenologie ist als propädeutische Vorstufe wohl geeignet, um zum Verständnis der philosophischen Phänomenologie emporzuleiten.

I. Die reine Psychologie, ihr Erfahrungsfeld, ihre Methode, ihre Funktion

1. Reine Naturwissenschaft und reine Psychologie. — 2. Das rein Psychische der Selbsterfahrung und Gemeinschaftserfahrung. Die universale Deskription intentionaler Erlebnisse. — 3. Das abgeschlossene Feld des rein Psychischen. — Phänomenologische Reduktion und echte innere Erfahrung. — 4. Die eidetische Reduktion und die phänomenologische Psychologie als eidetische Wissenschaft.

1. Reine Naturwissenschaft und reine Psychologie

Die neuzeitliche Psychologie ist die Wissenschaft vom »Psychischen« im konkreten Zusammenhang der raumzeitlichen Realitäten, also von in der Natur sozusagen ichartig Vorkommendem mit all dem, was untrennbar dazugehört als psychisches Erleben (wie Erfahren, Denken, Fühlen, Wollen), als Vermögen und Habitus. Die Erfahrung bietet das Psychische als bloße Seinsschicht an Menschen und Tieren. Die Psychologie ist danach ein Zweig der konkreten Anthropologie bzw. Zoologie. Animalische Realitäten sind zunächst einer Grundschichte nach physische Realitäten. Als das gehören sie in den geschlossenen Zusammenhang der physischen Natur, der Natur im ersten und prägnantesten Sinn, welche das universale Thema einer reinen Naturwissenschaft ist, d. i. einer in konsequenter Einseitigkeit von allen außerphysischen Bestimmungen der Realitäten absehenden objektiven Wissenschaft von der Natur. In diese ordnet sich die wissenschaftliche Erforschung der animalischen Körper ein. Soll nun demgegenüber die animalische Welt hinsichtlich ihres Psychischen zum Thema werden, so ist zunächst zu fragen, wiefern in Parallele mit der reinen Naturwissenschaft eine reine Psychologie möglich ist. In einem gewissen Ausmaß ist eine rein psychologische Forschung selbstverständlich zu betätigen. Ihr verdanken wir die Grundbegriffe vom Psychischen nach seinen eigenwesentlichen Bestimmungen, Begriffe, die in die übrigen, die psychophysischen Grundbegriffe der Psychologie mit eingehen müssen. Keineswegs klar ist aber von vornherein, inwiefern die Idee einer reinen Psychologie als einer in sich scharf geschiedenen psychologischen Disziplin und als einer wirklichen Parallele zur rein physischen Naturwissenschaft einen rechtmäßigen und dann notwendig zu verwirklichenden Sinn hat.

2. Das rein Psychische der Selbsterfahrung und Gemeinschaftserfahrung. Die universale Deskription intentionaler Erlebnisse

Für eine Begründung und Entfaltung dieser Leitidee bedarf es als ein Erstes der Klärung des Eigentümlichen der Erfahrung und insbesondere der reinen Erfahrung von Psychischem und dieses rein Psychischen selbst, das sie offenbart und das zum Thema der reinen Psychologie werden soll. Wir bevorzugen naturgemäß die unmittelbarste Erfahrung, die uns je unser eigenes Psychisches enthüllt.

Die Einstellung des erfahrenden Blickes auf unser Psychisches vollzieht sich notwendig als eine Reflexion, als Umwendung des vordem anders gerichteten Blickes. Jede Erfahrung läßt solche Reflexion zu, aber auch jede sonstige Weise, in der wir mit irgend welchen realen oder idealen Gegenständen beschäftigt sind, etwa denkend oder in der Weise des Gemüts und Willens wertend, strebend. So, geradehin uns bewußt betätigend, sind in unserem Blick ausschließlich die jeweiligen Sachen, Gedanken, Werte, Ziele, Hilfsmittel, nicht aber das psychische Erleben selbst, in dem sie als solche uns bewußt sind. Erst die Reflexion macht es offenbar. Durch sie erfassen wir statt der Sachen schlechthin, der Werte, Zwecke, Nützlichkeiten schlechthin die entsprechenden subjektiven Erlebnisse, in denen sie uns »bewußt« werden, uns in einem allerweitesten Sinne »erscheinen«. Sie alle heißen daher auch »Phänomene«, ihr allgemeinster Wesenscharakter ist es, zu sein als »Bewußtsein von«, »Erscheinung-von« — *von* den jeweiligen Dingen, Gedanken (Urteilsverhalten, Gründen, Folgen), von den Plänen, Entschlüssen, Hoffnungen usw. Daher liegt im Sinne aller Ausdrücke der Volkssprachen für psychische Erlebnisse diese Relativität beschlossen, wahrnehmen von etwas, sich erinnern oder denken an etwas, etwas hoffen, befürchten, erstreben, sich entscheiden für etwas usw. Erweist sich dieses Reich der »Phänomene« als mögliches Feld einer reinen, ausschließlich auf sie bezogenen psychologischen Disziplin, so versteht sich nun deren Kennzeichnung als *phänomenologische Psychologie*. Der terminologisch aus der Scholastik herstammende Ausdruck für jenen Grundcharakter des Seins als Bewußtsein, als Erscheinung von etwas ist *Intentionalität*. In dem unreflektierten Bewußthaben irgendwelcher Gegenstände sind wir auf diese »gerichtet«, unsere *»intentio«* geht auf sie hin. Die phänomenologische Blickwendung zeigt, daß dieses Gerichtetsein ein den betreffenden Erlebnissen immanenter Wesenszug ist, sie sind »intentionale« Erlebnisse.

Überaus mannigfaltige Artungen und Besonderungen fallen unter die Allgemeinheit dieses Begriffs. Bewußtsein von etwas ist nicht ein leeres Haben dieses Etwas, jedes Phänomen hat seine eigene intentionale Gesamtform, zugleich aber einen Aufbau, der in der intentionalen Analyse immer wieder auf Komponenten führt, die selbst intentionale sind. So führt z. B. die im Ausgang von einer Wahrnehmung (etwa eines Würfels) geübte phänomenologische Reflexion auf eine vielfältige und doch synthetisch vereinheitlichte Intentionalität. Es treten die kontinuierlich sich abwandelnden Unterschiede in den Erscheinungsweisen wechselnder »Orientierung« hervor, des Rechts und Links, der Nähe und Ferne mit den zugehörigen Unterschieden der »Perspektive«. Ferner Erscheinungsunterschiede zwischen der jeweils »eigentlich gesehenen Vorderseite« und der »unanschaulichen« und relativ »unbestimmten«, jedoch »mitgemeinten« Rückseite. Im Achten auf das Strömen der Erscheinungsweisen und die Art ihrer »Synthesis« zeigt sich, daß jede Phase und Strecke schon für sich »Bewußtsein-von« ist, aber so, daß sich im stetigen Auftreten neuer Phasen das synthetisch einheitliche Bewußtsein von dem einen und selben Gegenstand herstellt. Der intentionale Aufbau eines Wahrnehmungsverlaufes hat seine feste Wesenstypik, die in ihrer außerordentlichen Komplikation notwendig verwirklicht werden muß, wenn ein körperliches Ding schlicht wahrgenommen sein soll. Ist das selbe Ding in anderen Weisen anschaulich, z. B. in der Weise der Wiedererinnerung, der Phantasie, der abbildlichen Darstellung, so kehren gewissermaßen alle intentionalen Gehalte der Wahrnehmung wieder, aber alle in entsprechenden Weisen eigentümlich abgewandelt. Auch für jede sonstige Gattung psychischer Erlebnisse gilt Ähnliches: das urteilende, das wertende, das strebende Bewußtsein ist nicht ein leeres Bewußthaben der jeweiligen Urteile, Werte, Ziele, Mittel. Sie konstituieren sich vielmehr in einer strömenden Intentionalität mit einer ihnen entsprechenden und festen

Wesenstypik. — Für die Psychologie eröffnet sich hier die universale Aufgabe: die typischen Gestalten der intentionalen Erlebnisse, ihrer möglichen Abwandlungen, ihrer Synthesen zu neuen Gestalten, ihres strukturellen Aufbaus aus elementaren Intentionalitäten systematisch zu durchforschen und von da aus zu einer deskriptiven Erkenntnis des Ganzen der Erlebnisse, des Gesamttypus eines Lebens der Seele fortzuschreiten. — Offenbar liefert die konsequente Verfolgung dieser Aufgabe Erkenntnisse, die nicht nur für das eigene seelische Sein des Psychologen Gültigkeit haben.

Seelenleben ist uns nicht nur zugänglich durch Selbsterfahrung sondern auch durch Fremderfahrung. Diese neuartige Erfahrungsquelle bietet nicht nur Gleichartiges mit der Selbsterfahrung sondern auch Neues, sofern sie die Unterschiede des »Eigenen« und »Fremden«, sowie die Eigenheiten des Gemeinschaftslebens für uns alle bewußtseinsmäßig und zwar als Erfahrung begründet. Eben damit ergibt sich die Aufgabe, auch das Gemeinschaftsleben phänomenologisch nach all den zugehörigen Intentionalitäten verständlich zu machen.

3. Das abgeschlossene Feld des rein Psychischen. — Phänomenologische Reduktion und echte innere Erfahrung

Die Idee einer phänomenologischen Psychologie ist durch die ganze Weite des aus der Selbsterfahrung und der in ihr fundierten Fremderfahrung entspringenden Aufgabenkreises umzeichnet. Aber es ist noch nicht klar, ob eine in Ausschließlichkeit und Konsequenz fortgeführte phänomenologische Erfahrung uns ein derart abgeschlossenes Seinsfeld verschafft, daß eine *ausschließlich* darauf bezogene, von allem Psychophysischen reinlich abgelöste Wissenschaft erwachsen kann. Hier bestehen in der Tat Schwierigkeiten, welche den Psychologen selbst nach *Brentanos* Entdeckung der Intentionalität die Möglichkeit einer solchen rein phänomenologischen Psychologie verdeckt haben. Sie betreffen schon die Herstellung einer wirklich reinen Selbsterfahrung und damit eines wirklich rein psychischen Datums. Es bedarf einer besonderen Zugangsmethode zum rein phänomenologischen Feld. Diese *Methode der »phänomenologischen Reduktion«* ist also die Grundmethode der reinen Psychologie, die Voraussetzung aller ihrer spezifisch theoretischen Methoden. Letztlich beruht alle Schwierigkeit auf der Art, wie schon die Selbsterfahrung der Psychologen überall mit äußerer Erfahrung, der vom außerpsychischen Realen, verflochten ist. Das erfahrene »Äußere« gehört nicht zur intentionalen Innerlichkeit, obschon doch die Erfahrung selbst dazu gehört als Erfahrung vom Äußeren. Ebenso für jederlei sonstiges Bewußtsein, das auf ein Weltliches gerichtet ist. Es bedarf also einer konsequenten *epoche* des Phänomenologen, wenn er sein Bewußtsein als reines Phänomen gewinnen will, einzelweise, aber auch als das Ganze seines reinen Lebens. D. h. er muß im Vollzug der phänomenologischen Reflexion jeden Mitvollzug der im unreflektierten Bewußtsein betätigten objektiven Setzungen inhibieren und damit jedes urteilsmäßige Hereinziehen der für ihn geradehin »daseienden« Welt. Die jeweilige Erfahrung von diesem Haus, von diesem Leib, von einer Welt überhaupt ist und bleibt aber ihrem eigenen Wesensgehalt nach, also unabtrennbar, Erfahrung »von diesem Haus«, diesem Leib, dieser Welt, und so für jederlei Bewußtseinsweise, die objektiv gerichtet ist. Es ist ja unmöglich, ein intentionales Erlebnis zu beschreiben, auch wenn es ein illusionäres ist, ein nichtiges Urteilen und dgl., ohne das in ihm Bewußte als solches mit zu beschreiben. Die universale Epoche hinsichtlich der bewußt werdenden Welt (ihre *»Einklammerung«*) schaltet aus dem phänomenologischen Feld die für das betreffende Subjekt schlechthin seiende Welt aus, aber an ihre Stelle tritt die so und so bewußte (wahrgenommene, erinnerte, beurteilte, gedachte, gewertete etc.) Welt *»als solche«*, die *»Welt in Klammern«* oder, was dasselbe, es tritt an die Stelle der Welt bzw. des einzelnen Weltlichen schlechthin der jeweilige Bewußtseinssinn in seinen verschiedenen Modis (Wahrnehmungssinn, Erinnerungssinn usw.).

Damit klärt und ergänzt sich unsere erste Bestimmung der phänomenologischen Erfahrung und ihrer Seinssphäre. Im Rückgang von den in der natürlichen Einstellung gesetzten Einheiten auf die mannigfaltigen Bewußtseinsweisen, in denen sie erscheinen, sind, als von diesen Mannigfaltigkeiten unabtrennbar, auch die Einheiten — aber als »eingeklammerte« — dem rein Psychischen zuzurechnen und dann jeweils in den Erscheinungscharakteren, in denen sie sich darbieten. Die Methode der phänomenologischen Reduktion (auf die reinen »Phänomene«, das rein Psychische) besteht danach 1) in der methodischen und streng konsequenten *epoche* bei jeder in der seelischen Sphäre auftretenden objektiven Setzung, sowohl am einzelnen Phänomen als an dem ganzen seelischen Bestand überhaupt; 2) in der methodisch geübten Erfassung und Beschreibung der mannigfaltigen »Erscheinungen« als Erscheinungen ihrer gegenständlichen Einheiten und der Einheiten als Einheiten der ihnen jeweils in den Erscheinungen zuwachsenden Sinnbestände. Es zeigt sich damit eine doppelte *»noetische«* und *»noematische«* Richtung der phänomenologischen Beschreibungen an. — Die phänomenologische Erfahrung in der methodischen Gestalt der phänomenologischen Reduktion ist die einzig *echte »innere Erfahrung«* im Sinne jeder wohlbegründeten psychologischen Wissenschaft. In ihrem eigenen Wesen liegt offenbar die Möglichkeit, kontinuierlich unter methodischer Erhaltung der Reinheit fortgeführt zu werden *in infinitum*. Die reduktive Methode überträgt sich von der Selbsterfahrung auf die Fremderfahrung, sofern im vergegenwärtigten Leben des Anderen die entsprechende Einklammerung und Beschreibung nach Erscheinung und Erscheinendem im subjektiven Wie (»Noesis« und »Noema«) vollzogen werden kann. In weiterer Folge reduziert sich die in der Gemeinschaftserfahrung erfahrene Gemeinschaft nicht nur auf die seelisch vereinzelten intentionalen Felder sondern auf die Einheit des intersubjektiven, sie alle verbindenden Gemeinschaftslebens in seiner phänomenologischen Reinheit (intersubjektive Reduktion). So ergibt sich die volle Erweiterung des echten psychologischen Begriffes von »innerer Erfahrung«.

Zu jeder Seele gehört nicht nur die Einheit ihres mannigfaltigen *intentionalen Lebens* mit all den von ihm als einem »objektiv« gerichteten unabtrennbaren Sinneseinheiten. Unabtrennbar ist von diesem Leben das in ihm erlebende *Ichsubjekt* als der identische, alle Sonderintentionalitäten zentrierende *»I c h p o l«* und als Träger der ihm aus diesem Leben zuwachsenden Habitualitäten. So ist dann auch die reduzierte Intersubjektivität, in Reinheit und konkret gefaßt, eine im intersubjektiven reinen Bewußtseinsleben sich betätigende Gemeinschaft von reinen Personen.

4. Die eidetische Reduktion und die phänomenologische Psychologie als eidetische Wissenschaft

Inwiefern sichert die Einheit des phänomenologischen Erfahrungsfeldes die Möglichkeit einer darauf ausschließlich bezogenen, also rein phänomenologischen Psychologie? Nicht ohne weiteres einer empirisch reinen, einer von allem Psychophysischen abstrahierenden Tatsachenwissenschaft. Anders steht es mit einer apriorischen Wissenschaft. Jedes in sich abgeschlossene Feld möglicher Erfahrung gestattet *eo ipso* den universalen Übergang von der Faktizität zur Wesensform (Eidos). So auch hier. Wird die phänomenologische Faktizität irrelevant, dient sie nur exemplarisch und als Unterlage für eine freie aber anschauliche Variation der faktischen Einzelseelen und Seelengemeinschaften in a priori mögliche (erdenkliche) und richtet sich nun der theoretische Blick auf das sich in der Variation notwendig durchhaltende Invariante, so erwächst damit bei systematischem Vorgehen ein eigenes Reich des »Apriori«. Es tritt damit der wesensnotwendige Formstil hervor (das *E i d o s*), der durch alles mögliche seelische Sein in den Einzelheiten, den synthetischen Verbänden und abgeschlossenen Ganzheiten hindurchgehen muß, wenn es überhaupt »denkmöglich«, das ist anschaulich vorstellbar soll sein können. Psychologische Phänomenologie ist in dieser Art zweifellos als »*eidetische Phänomenologie*« zu begründen, sie ist dann ausschließlich auf die invarianten Wesensformen gerichtet. Z. B. die Phänomenologie der Körperwahrnehmung ist nicht ein Bericht über die faktisch vorkommenden oder zu erwartenden Wahrnehmungen, sondern Herausstellung des invarianten Strukturensystems, ohne das Wahrnehmung eines Körpers und eine synthetisch zusammenstimmende Mannigfaltigkeit von Wahrnehmungen als solchen eines und desselben Körpers undenkbar wären. Schuf die phänomenologische Reduktion den Zugang zu den »Phänomenen« wirklicher und dann auch möglicher innerer Erfahrung, so verschafft die in ihr fundierte Methode der »*eidetischen Reduktion*« den Zugang zu den invarianten Wesensgestalten der rein seelischen Gesamtsphäre.

5. Die prinzipielle Funktion der rein phänomenologischen Psychologie für eine exakte empirische Psychologie

Die phänomenologisch reine Psychologie ist das unbedingt notwendige Fundament für den Aufbau einer »exakten« empirischen Psychologie, die nach dem Vorbild der exakten rein physischen Naturwissenschaft seit deren neuzeitlichen Anfängen gesucht worden ist. Der prinzipielle Sinn der Exaktheit dieser Naturwissenschaft liegt in ihrer Fundierung auf das apriorische, in eigenen Disziplinen (reine Geometrie, reine Zeitlehre, Bewegungslehre usw.) entfaltete Formensystem einer denkmöglichen Natur überhaupt. Durch die Verwertung dieses apriorischen Formensystems für die faktische Natur gewinnt die vage induktive Empirie Anteil an der Wesensnotwendigkeit und die empirische Naturwissenschaft selbst den neuen methodischen Sinn, für alle vagen Begriffe und Regeln die diesen notwendig zu unterlegenden rationalen Begriffe und Gesetze zu erarbeiten. So wesentlich naturwissenschaftliche und psychologische Methode auch unterschieden bleiben, darin besteht ihre notwendige Gemeinsamkeit, daß auch die Psychologie, wie jede Wissenschaft, ihre »Strenge« (»Exaktheit«) nur schöpfen kann aus der Rationalität des »Wesensmäßigen«. Die Enthüllung der apriorischen Typik, ohne die Ich, bzw. Wir, Bewußtsein, Bewußtseinsgegenständlichkeit und somit seelisches Sein überhaupt undenkbar wäre — mit all den wesensnotwendigen und wesensmöglichen Formen von Synthesen, die von der Idee einer einzelseelischen und gemeinschaftsseelischen Ganzheit unabtrennbar sind — schafft ein ungeheures Feld der Exaktheit, das sich, und hier sogar unmittelbar (ohne das Zwischenglied der Limes-Idealisierung), in die empirische Seelenforschung überträgt. Allerdings ist das phänomenologische Apriori nicht das vollständige der Psychologie, sofern der psychophysische Zusammenhang als solcher sein eigenes Apriori hat. Es ist aber klar, daß dieses Apriori das der rein phänomenologischen Psychologie voraussetzt, wie nach der anderen Seite das reine Apriori einer physischen (und speziell organischen) Natur überhaupt.

Der systematische Aufbau einer phänomenologisch reinen Psychologie erfordert:

1) die Deskription der zum Wesen eines intentionalen Erlebnisses überhaupt gehörigen Einheiten, wozu auch das allgemeinste Gesetz der Synthesis gehört: jede Verknüpfung von Bewußtsein mit Bewußtsein ergibt ein Bewußtsein.

2) die Erforschung der Einzelgestalten intentionaler Erlebnisse, die in einer Seele überhaupt in Wesensnotwendigkeit auftreten müssen oder auftreten können; in eins damit die Erforschung der Wesenstypik der zugehörigen Synthesen, der kontinuierlichen und diskreten, der endlich geschlossenen oder in offener Unendlichkeit fortzusetzenden.

3) die Aufweisung und Wesensdeskription der Gesamtgestalt eines Seelenlebens überhaupt, also die Wesensart eines universalen »Bewußtseinsstromes«.

4) eine neue Untersuchungsrichtung bezeichnet der Titel »Ich« (noch unter Abstraktion von dem sozialen Sinn dieses Wortes) hinsichtlich der ihm zugehörigen Wesensformen der »Habitualität«, also das Ich als Subjekt bleibender »Überzeugungen« (Seinsüberzeugungen, Wertüberzeugungen, Willensentscheidungen usw.), als personales Subjekt von Gewohnheiten, von wohlgebildetem Wissen, von Charaktereigenschaften.

Überall führt schließlich diese »statische« Wesensdeskription zu Problemen der Genesis und zu einer universalen nach eidetischen Gesetzen das ganze Leben und die Entwicklung des personalen Ich durchherrschenden Genesis. So baut sich auf die erste »statische Phänomenologie« in höherer Stufe die dynamische oder genetische Phänomenologie. Sie behandelt als erste fundierende Genesis die der Passivität, in der das Ich als aktives unbeteiligt ist. Hier liegt die neue Aufgabe einer universalen eidetischen Phänomenologie der Assoziation, eine späte Rehabilitation der großen Vorentdeckungen D. *Humes*, mit dem Nachweis der apriorischen Genesis, aus der für eine Seele eine reale Raumwelt in habitueller Geltung sich konstituiert. Es folgt die Wesenslehre der Entwicklung personaler Habitualität, in der das rein seelische Ich innerhalb invarianter Strukturformen als personales Ich ist und seiner in habitueller Fortgeltung bewußt ist als sich immerzu fortbildendes. Eine besondere zusammenhängende Untersuchungsschicht höherer Stufe bildet die statische und dann die genetische Phänomenologie der Vernunft.

II. Phänomenologische Psychologie und transzendentale Phänomenologie

6. Descartes' transzendentale Wendung und Lockes Psychologismus. — 7. Das transzendentale Problem. — 8. Die psychologistische Lösung als transzendentaler Zirkel. — 9. Die transzendental-phänomenologische Reduktion und der transzendentale Schein der Verdoppelung. — 10. Die reine Psychologie als Propädeutik zur transzendentalen Phänomenologie.

6. Descartes' transzendentale Wendung und Lockes Psychologismus

Die Idee einer rein phänomenologischen Psychologie hat nicht nur die soeben dargelegte reformatorische Funktion für die empirische Psychologie. Aus tiefliegenden Gründen kann sie als Vorstufe für die Freilegung des Wesens einer transzendentalen Phänomenologie dienen. Auch historisch ist diese Idee nicht aus den eigenen Bedürfnissen der Psychologie selbst erwachsen. Ihre Geschichte führt uns bis auf J. *Lockes* denkwürdiges Grundwerk zurück und auf die bedeutsame Auswirkung der von ihm ausgehenden Impulse durch *J. Berkeley* und *D. Hume.* Schon bei *Locke* war aber die Beschränkung auf das rein Subjektive von außerpsychologischen Interessen bestimmt. Die Psychologie stand im Dienste des durch *Descartes* erweckten Transzendentalproblems. In seinen *meditationes* war der Gedanke zu dem für die erste Philosophie leitenden geworden: daß alles Reale und schließlich diese ganze Welt für uns seiende und soseiende nur ist als Vorstellungsinhalt unserer eigenen Vorstellungen, als urteilsmäßig vermeinte und bestenfalls evident bewährte unseres eigenen Erkenntnislebens. Hier lag die Motivation zu allen, ob echten oder unechten Transzendentalproblemen. *Descartes'* Zweifelsmethode war die erste Methode der Herausstellung der »transzendentalen Subjektivität«, sein »*ego cogito*« führte auf deren erste begriffliche Fassung. Bei *Locke* wandelt sich *Descartes'* transzendental reine *mens* in die reine Seele *(human mind),* deren systematische Erforschung durch innere Erfahrung *Locke* in transzendentalphilosophischem Interesse in Angriff nimmt. Er ist so der Begründer des *Psychologismus* als einer Transzendentalphilosophie durch eine Psychologie aus innerer Erfahrung. Das Schicksal der wissenschaftlichen Philosophie hängt an einer radikalen Überwindung jedes Psychologismus, die nicht nur seinen prinzipiellen Widersinn bloßlegt, sondern auch seinem transzendental bedeutsamen Wahrheitskern genugtut. Die Quelle seiner beständigen historischen Kraft schöpft er aus einer Doppeldeutigkeit aller Begriffe von Subjektivem, die alsbald mit der Aufrollung der transzendentalen Frage erwächst. Die Enthüllung dieser Zweideutigkeit bedeutet in eins mit der scharfen Trennung zugleich eine Parallelisierung der rein phänomenologischen Psychologie (als der wissenschaftlich strengen Gestalt der Psychologie rein aus innerer Erfahrung) und der transzendentalen Phänomenologie als der echten Transzendentalphilosophie. Zugleich rechtfertigt sich so die Vorausschickung der reinen Psychologie als Zugangsmittel zur echten Philosophie. Wir beginnen mit der Klärung des echten Transzendentalproblems, das in der zunächst unklaren Labilität seines Sinnes so sehr geneigt macht (und das trifft schon *Descartes*), es auf ein abwegiges Geleise zu verschieben.

7. Das transzendentale Problem

Zum wesentlichen Sinn des transzendentalen Problems gehört seine Universalität, in der es die Welt und alle sie erforschenden Wissenschaften in Frage stellt. Es erwächst in einer allgemeinen Umwendung jener *»natürlichen Einstellung«*, in der wie das gesamte alltägliche Leben so auch die positiven Wissenschaften verbleiben. In ihr ist uns die Welt das selbstverständlich seiende Universum der Realitäten, beständig vorgegeben in fragloser Vorhandenheit. So ist sie das allgemeine Feld unserer praktischen und theoretischen Betätigungen. Sowie das theoretische Interesse diese natürliche Einstellung aufgibt und in einer allgemeinen Blickwendung sich auf das Bewußtseinsleben richtet, *in dem* die Welt für uns eben »die« Welt, die für uns vorhandene ist, sind wir in einer neuen Erkenntnislage. Jeder Sinn, den sie für uns hat (dessen werden wir nun inne), ihr unbestimmt allgemeiner wie ihr nach realen Einzelheiten sich bestimmender Sinn, ist in der Innerlichkeit unseres eigenen wahrnehmenden, vorstellenden, denkenden, wertenden Lebens bewußter und sich in unserer subjektiven Genesis bildender Sinn; jede Seinsgeltung ist in uns selbst vollzogen, jede sie begründende Evidenz der Erfahrung und Theorie in uns selbst lebendig und habituell uns immerfort motivierend. Das betrifft die Welt in jeder Bestimmung, auch in der selbstverständlichen, daß, was ihr zugehört, *»an und für sich«* ist, wie es ist, ob ich oder wer immer seiner zufällig bewußt wird oder nicht.

Ist einmal die Welt in dieser vollen Universalität auf die Bewußtseinssubjektivität bezogen worden, in deren Bewußtseinsleben sie eben als »die« Welt des jeweiligen Sinnes auftritt, so erhält ihre gesamte Seinsweise eine Dimension der Unverständlichkeit bzw. Fraglichkeit. Dieses »Auftreten«, dieses Für-uns-sein der Welt als der nur subjektiv zur Geltung gekommenen und zur begründeten Evidenz gebrachten und zu bringenden, bedarf der Aufklärung. Das erste Innewerden der Bewußtseinsbezogenheit der Welt in seiner leeren Allgemeinheit gibt kein Verständnis dafür, *wie* das mannigfaltige, kaum erschaut ins Dunkel zurücksinkende Bewußtseinsleben es zu solchen Leistungen bringt, wie es das sozusagen macht, daß in seiner Immanenz irgend etwas *als* an sich seiend auftreten kann und nicht nur als Vermeintliches sondern als sich in einstimmiger Erfahrung Ausweisendes. Offenbar überträgt sich das Problem auf jederlei »ideale« Welten und ihr »An-sich-sein« (z. B. die der reinen Zahlen oder der »Wahrheiten an sich«). Die Unverständlichkeit greift in besonders empfindlicher Weise *unsere* Seinsart selbst an. Wir (Einzelne und in Gemeinschaft) sollen es sein, in deren Bewußtseinsleben die reale Welt, die für uns vorhanden ist, als solche Sinn und Geltung gewinnt. Wir als Menschen sollen aber selbst zur Welt gehören. Nach unserem weltlichen Sinn werden wir also wieder auf uns und unser Bewußtseinsleben verwiesen, als worin sich für uns dieser Sinn erst gestaltet. Ist hier und überall ein anderer Weg der Aufklärung denkbar als der, das Bewußtsein selbst und die in ihm bewußt werdende »Welt« als solche zu befragen, da sie eben als von uns je gemeinte nirgendwoher sonst als in uns Sinn und Geltung gewonnen haben und gewinnen kann?

Machen wir noch einen wichtigen Schritt, der das »transzendentale« (den bewußtseinsrelativen Seinssinn des »Transzendenten« betreffende) Problem auf die prinzipielle Stufe erhebt. Er liegt in der Erkenntnis, daß die aufgewiesene Bewußtseinsrelativität nicht nur das Faktum *unserer* Welt angeht, sondern in eidetischer Notwendigkeit jede erdenkliche Welt überhaupt. Denn variieren wir in freier Phantasie unsere faktische Welt, sie in beliebige erdenkliche Welten überführend, so variieren wir *uns*, deren Umwelt sie ist, unweigerlich mit, wir wandeln uns je in eine mögliche Subjektivität, deren Umwelt je die erdachte Welt wäre, als Welt ihrer möglichen Erfahrungen, möglichen theoretischen Evidenzen, ihres möglichen praktischen Lebens. Diese Variation läßt freilich die rein idealen Welten der Art, die ihr Sein in der eidetischen Allgemeinheit haben, zu deren Wesen ja die Invarianz gehört, unberührt, aber es zeigt sich doch in der möglichen Variierbarkeit des solche Identitäten erkennenden Subjekts, daß ihre Erkennbarkeit, also ihre intentionale Bezogenheit nicht nur unsere faktische Subjektivität angeht. Mit der eidetischen Fassung des Problems wandelt sich auch die erforderliche Bewußtseinsforschung in eine eidetische.

8. Die psychologistische Lösung als transzendentaler Zirkel

Die Herausarbeitung der Idee einer phänomenologisch reinen Psychologie hat die Möglichkeit erwiesen, in konsequenter phänomenologischer Reduktion das Eigenwesentliche der Bewußtseinssubjekte in eidetischer Allgemeinheit zu enthüllen, nach allen seinen möglichen Gestalten. Das befaßt auch diejenigen der Recht begründenden und bewährenden Vernunft und damit alle Gestalten möglicherweise erscheinender und als an sich seiend durch zusammenstimmende Erfahrung auszuweisender und in theoretischer Wahrheit zu bestimmender Welten. Danach scheint diese phänomenologische Psychologie in ihrer systematischen Durchführung die gesamte Korrelationsforschung für Sein und Bewußtsein und von vornherein in prinzipieller (eben eidetischer) Allgemeinheit in sich zu fassen, also die Stätte aller transzendentalen Aufklärungen zu sein. Demgegenüber darf aber nicht übersehen werden, daß die Psychologie in allen ihren empirischen und eidetischen Disziplinen »positive Wissenschaft« ist, Wissenschaft in der natürlichen Einstellung, in der die schlechthin vorhandene Welt der thematische Boden ist. Was sie erforschen will, sind die in der Welt vorkommenden Seelen und Seelengemeinschaften. Die phänomenologische Reduktion dient als psychologische nur dazu, das Psychische der animalischen Realitäten in seiner reinen Eigenwesentlichkeit und seinen rein eigenwesentlichen Zusammenhängen zu gewinnen. Es behält, auch in der eidetischen Forschung, den Seinssinn von weltlich Vorhandenem, nur bezogen auf mögliche reale Welten. Der Psychologe ist auch als eidetischer Phänomenologe transzendental naiv, er nimmt die möglichen »Seelen« (Ichsubjekte), ganz dem relativen Wortsinn gemäß, als solche schlechthin als vorhanden gedachter Menschen und Tiere einer möglichen Raumwelt. Lassen wir aber anstatt des natürlich-weltlichen das transzendentale Interesse theoretisch maßgebend werden, so erhält die gesamte Psychologie den Stempel des transzendental Problematischen, sie kann also der Transzendentalphilosophie keinerlei Prämissen beistellen. Die Bewußtseinssubjektivität, die als seelische ihr Thema ist, kann nicht diejenige sein, auf die transzendental zurückgefragt werden soll.

Um an diesem entscheidenden Punkte zu einsichtiger Klarheit zu kommen, ist der thematische Sinn der transzendentalen Frage scharf im Auge zu behalten und zu erwägen, wie sich ihm gemäß die Regionen des Fraglichen und Unfraglichen scheiden. Das transzendentalphilosophische Thema ist eine konkrete und systematische Aufklärung jener mannigfaltigen intentionalen Bezogenheiten, die einer möglichen Welt überhaupt als Umwelt einer entsprechenden möglichen Subjektivität wesensmäßig zugehören, für die sie die vorhandene, praktisch und theoretisch zugängliche wäre. Diese Zugänglichkeit bedeutet für die Subjektivitäten hinsichtlich aller Kategorien für sie vorhandener Weltobjekte und Weltstrukturen Regelungen ihres möglichen Bewußtseinslebens, die in ihrer Typik erst enthüllt werden müssen. Solche Kategorien sind »leblose Dinge«, aber auch Menschen und Tiere mit ihren seelischen Innerlichkeiten. Von hier aus soll sich der volle und ganze Seinssinn einer möglichen vorhandenen Welt im Allgemeinen und hinsichtlich aller für sie konstitutiven Kategorien klären. Wie jede sinnvolle Frage setzt diese transzendentale einen Boden unfraglichen Seins voraus, in dem alle Mittel der Lösung beschlossen sein müssen. Dieser Boden ist hier die Subjektivität desjenigen Bewußtseinslebens, in dem eine mögliche Welt überhaupt als vorhandene sich konstituiert. Andererseits ist es eine selbstverständliche Grundforderung vernünftiger Methode, daß dieser als unfraglich seiend vorausgesetzte Boden nicht mit solchem vermengt wird, was die transzendentale Frage in ihrer Universalität als in Frage stehend meint. Das Reich dieser Fraglichkeit ist das gesamte der transzendentalen Naivität, umfaßt also jede mögliche Welt als die in natürlicher Einstellung schlechthin in Anspruch genommene. Danach sind alle positiven Wissenschaften transzendental einer Epoché zu unterwerfen so wie alle ihre Gegenstandsgebiete, also auch die Psychologie und das gesamte in ihrem Sinne Psychische. Es wäre also ein transzendentaler Zirkel, die Beantwortung der transzendentalen Frage auf die Psychologie zu stützen, einerlei ob auf empirische oder eidetisch-phänomenologische. Die Subjektivität und das Bewußtsein — hier stehen wir vor der paradoxen Zweideutigkeit —, auf das die transzendentale Frage rekurriert, kann also wirklich nicht diejenige Subjektivität und das Bewußtsein sein, von dem die Psychologie handelt.

9. Die transzendental-phänomenologische Reduktion und der transzendentale Schein der Verdoppelung

»Wir« sollten also doppelt sein, psychologisch als wir Menschen Vorhandenheiten in der Welt, Subjekte seelischen Lebens und zugleich transzendental als die Subjekte eines transzendentalen weltkonstituierenden Lebens? Diese Doppelheit klärt sich durch evidente Aufweisung. Die seelische Subjektivität, das konkret gefaßte »ich« und »wir« der alltäglichen Rede, wird in ihrer reinen psychischen Eigenheit erfahren durch die Methode phänomenologisch-psychologischer Reduktion. In eidetischer Abwandlung schafft sie den Boden für die rein phänomenologische Psychologie. Die transzendentale Subjektivität, auf die im transzendentalen Problem hingefragt und die in ihm als Seinsboden vorausgesetzt ist, ist keine andere als wiederum »ich selbst« und »wir selbst«, aber nicht als die wir uns in der natürlichen Einstellung des Alltags und der positiven Wissenschaft vorfinden, apperzipiert als Bestandstücke der für uns vorhandenen objektiven Welt: vielmehr als Subjekte des Bewußtseinslebens, in dem sich diese und alle Vorhandenheit — für »uns« — durch gewisse Apperzeptionen »macht«. Als Menschen, seelisch wie leiblich in der Welt vorhanden, sind wir für »uns«; wir sind Erscheinendes eines sehr mannigfaltigen intentionalen Lebens, »unseres« Lebens, *worin* sich also dieses Vorhandene apperzeptiv mit seinem ganzen Sinnesgehalt »für uns« macht. Das vorhandene (apperzipierte) Ich und Wir setzt ein (apperzipierendes) Ich und Wir voraus, für das es vorhanden ist, das aber nicht selbst wieder im selben Sinn vorhanden ist. Zu dieser transzendentalen Subjektivität haben wir direkten Zugang durch eine transzendentale Erfahrung. Wie schon die seelische Erfahrung zur Reinheit einer reduktiven Methode bedarf, so auch die transzendentale.

Wir wollen hier so vorgehen, daß wir die *»transzendentale Reduktion«* einführen als auf gestuft auf die psychologische Reduktion, als eine weitere an dieser jederzeit zu vollziehende Reinigung und abermals mittels einer gewissen Epoche. Diese ist eine bloße Konsequenz der universalen Epoche, welche zum Sinn der transzendentalen Frage gehört. Fordert die transzendentale Relativität jeder möglichen Welt deren universale »Einklammerung«, so fordert sie auch die der reinen Seelen und der auf sie bezogenen rein phänomenologischen Psychologie. Dadurch verwandeln sich diese in transzendentale Phänomene. Während also der Psychologe innerhalb der für ihn natürlich geltenden Welt die vorkommende Subjektivität auf die rein seelische Subjektivität — in der Welt — reduziert, reduziert der transzendentale Phänomenologe durch seine absolut universale Epoche diese psychologisch reine auf die transzendental reine Subjektivität, auf diejenige, welche die Weltapperzeption und darin die objektivierende Apperzeption »Seele animalischer Realitäten« vollzieht und in sich in Geltung setzt. Z. B. meine jeweiligen reinen Wahrnehmungserlebnisse, Phantasieerlebnisse usw. sind psychologische Gegebenheiten der psychologischen inneren Erfahrung in der Einstellung der Positivität. Sie verwandeln sich in meine transzendentalen Erlebnisse, wenn ich die Welt, mein Menschsein inbegriffen, durch radikale Epoche als bloßes Phänomen setze und nun dem intentionalen Leben nachgehe, worin die gesamte Apperzeption »der« Welt, im besonderen die Apperzeption meiner Seele, meiner psychologisch realen Wahrnehmungserlebnisse usw. sich gestaltet. Der Gehalt dieser Erlebnisse, ihr Eigenwesentliches bleibt dabei voll erhalten, wenn schon er nun sichtlich ist als Kern einer vordem psychologisch immer wieder betätigten aber nicht in Rechnung gezogenen Apperzeption. Für den Transzendentalphilosophen, der durch einen vorausgehenden universalen Willensentschluß in sich die feste Habitualität der transzendentalen »Einklammerung« gestiftet hat, ist auch diese in der natürlichen Einstellung nie fehlende Verweltlichung des Bewußtseins ein für allemal unterbunden. Demgemäß ergibt für ihn die konsequente Bewußtseinsreflexion immer wieder transzendental Reines, und zwar anschaulich in der Weise einer neuartigen, der *transzendentalen »inneren« Erfahrung.* Aus der methodischen transzendentalen Epoche entsprungen, eröffnet sie das endlose transzendentale Seinsfeld. Es ist die Parallele zum endlosen psychologischen Feld, sowie seine Zugangsmethode die Parallele ist zur rein psychologischen, derjenigen der psychologisch-phänomenologischen Reduktion. Und wieder ebenso ist das transzendentale Ich und die transzendentale Ichgemeinschaft, gefaßt in der vollen Konkretion des transzendentalen Lebens, die transzendentale Parallele zum Ich und Wir im gewöhnlichen und psychologischen Sinn, wieder konkret gefaßt als Seele und Seelengemeinschaft mit dem zugehörigen psychologischen Bewußtseinsleben. Mein transzendentales Ich ist also evident ›verschieden‹ vom natürlichen Ich, aber keineswegs als ein zweites, als ein davon *getrenntes* im natürlichen Wortsinn, wie umgekehrt auch keineswegs ein in natürlichem Sinne damit verbundenes oder mit ihm verflochtenes. Es ist eben das (in voller Konkretion gefaßte) Feld der transzendentalen Selbsterfahrung, die jederzeit *durch bloße Änderung der Einstellung* in psychologische Selbsterfahrung zu wandeln ist. In diesem Übergang stellt sich notwendig eine Identität des Ich her; in transzendentaler Reflexion auf ihn wird die psychologische Objektivierung als Selbstobjektivierung des transzendentalen Ich sichtlich, und so findet es sich als wie es in jedem Moment natürlicher Einstellung sich eine Apperzeption auferlegt hat. Ist der Parallelismus der transzendentalen und psychologischen Erfahrungssphären als eine Art Identität des Ineinander des Seinssinnes aus bloßer Einstellungsänderung verständlich geworden, so auch die daraus sich ergebende Folge des gleichen Parallelismus und des im Ineinander *implicite* Beschlossenseins der transzendentalen und der psychologischen Phänomenologie, deren volles Thema die doppelsinnige reine Intersubjektivität ist. Es ist dabei nur in Rechnung zu ziehen, daß die rein-seelische Intersubjektivität, sowie sie der transzendentalen Epoche unterworfen wird, ebenfalls zu ihrer Parallele, der transzendentalen Intersubjektivität führt. Offenbar besagt der Parallelismus nichts weniger als theoretische Gleichwertigkeit. Die transzendentale Intersubjektivität ist der konkret eigenständige absolute Seinsboden, aus dem alles Transzendente (darunter alles real weltlich Seiende) seinen Seinsinn schöpft als Sein eines in bloß relativem und damit unvollständigem Sinne Seienden, als den einer intentionalen Einheit, die in Wahrheit ist aus transzendentaler Sinngebung, einstimmiger Bewährung und wesensmäßig zugehöriger Habitualität bleibender Überzeugung.

10. Die reine Psychologie als Propädeutik zur transzendentalen Phänomenologie

Durch die Aufklärung der wesensmäßigen Doppeldeutigkeit der Bewußtseinssubjektivität und der auf diese zu beziehenden eidetischen Wissenschaft wird die historische Unüberwindlichkeit des Psychologismus aus tiefsten Gründen verständlich. Seine Kraft liegt in einem *wesensmäßigen transzendentalen Schein*, der unenthüllt fortwirken mußte. Verständlich wird auch durch die gewonnene Aufklärung auf der einen Seite die Unabhängigkeit der Idee einer transzendentalen Phänomenologie und ihrer systematischen Durchführung von derjenigen einer phänomenologisch reinen Psychologie, auf der anderen Seite doch die propädeutische Nützlichkeit eines vorausgeschickten Entwurfes reiner Psychologie für ein Aufsteigen zur transzendentalen Phänomenologie, eine Nützlichkeit, die die vorliegende Darstellung geleitet hat. Was das eine anlangt, ist es offensichtlich, daß sich an die Aufdeckung der transzendentalen Relativität *sogleich* die phänomenologische und eidetische Reduktion knüpfen läßt, und so erwächst die transzendentale Phänomenologie direkt aus der transzendentalen Anschauung. In der Tat war dieser direkte der historische Weg. Die reine phänomenologische Psychologie als eidetische Wissenschaft in der Positivität lag ja überhaupt nicht vor. Was fürs Zweite den propädeutischen Vorzug des indirekten Weges zur transzendentalen Phänomenologie über die reine Psychologie anlangt, so bedeutet die transzendentale Einstellung eine Art Änderung der ganzen Lebensform, die alle bisherige Lebenserfahrung völlig übersteigt, also vermöge ihrer absoluten Fremdartigkeit schwer verständlich sein muß. Ähnliches gilt für eine transzendentale Wissenschaft. Die phänomenologische Psychologie, obschon auch relativ neu und in der Methode intentionaler Analyse ganz neuartig, hat immerhin doch die Zugänglichkeit aller positiven Wissenschaften. Ist sie mindest der scharf präzisierten Idee nach einmal klar geworden, so bedarf es nur der Klärung des echten Sinnes transzendentalphilosophischer Problematik und der transzendentalen Reduktion, um sich der transzendentalen Phänomenologie als einer bloßen Wendung ihres Lehrgehaltes ins Transzendentale zu bemächtigen. In diese zwei Stufen verteilen sich die zwei Grundschwierigkeiten des Eindringens in die neue Phänomenologie, nämlich die des Verständnisses der echten Methode »innerer Erfahrung«, die schon zur Ermöglichung einer »exakten« Psychologie als rationaler Tatsachenwissenschaft gehört, und die des Verständnisses der Eigentümlichkeit transzendentaler Fragestellung und Methode. An sich betrachtet ist allerdings das transzendentale Interesse das höchste und letzte wissenschaftliche Interesse, und so ist es das Richtige, wie historisch so weiterhin, die transzendentalen Theorien im eigenständigen absoluten System der Transzendentalphilosophie auszubilden und in ihr selbst mit der Aufweisung der Wesensart natürlicher gegenüber transzendentaler Einstellung die Möglichkeit der Umdeutung aller transzendentalen phänomenologischen Lehren in solche der natürlichen Positivität herauszustellen.

III. Transzendentale Phänomenologie und Philosophie als universale Wissenschaft in absoluter Begründung

11. Die transzendentale Phänomenologie als Ontologie. — 12. Die Phänomenologie und die Grundlagenkrisis der exakten Wissenschaften. — 13. Die phänomenologische Begründung der Tatsachenwissenschaften und die empirische Phänomenologie. — 14. Die vollständige Phänomenologie als universale Philosophie. — 15. Die »höchsten und letzten« Probleme als phänomenologische. — 16. Die phänomenologische Auflösung aller philosophischen Gegensätze.

11. Die transzendentale Phänomenologie als Ontologie

In Erwägung der Tragweite der transzendentalen Phänomenologie ergeben sich merkwürdige Konsequenzen. In ihrer systematischen Durchführung verwirklicht sie die *Leibnizsche* Idee einer *universalen Ontologie* als systematischer Einheit aller erdenklichen apriorischen Wissenschaften, aber in einer neuen, den »Dogmatismus« durch die transzendental phänomenologische Methode überwindenden Begründung. Die Phänomenologie als Wissenschaft von allen erdenklichen transzendentalen Phänomenen und zwar je in den synthetischen Gesamtgestalten, in denen sie allein konkret möglich sind — denen von transzendentalen Einzelsubjekten, verbunden zu Subjektgemeinschaften — ist *eo ipso* apriorische Wissenschaft von allem erdenklichen Seienden; aber dann nicht bloß von dem All des objektiv Seienden und nun gar in einer Einstellung natürlicher Positivität, sondern in voller Konkretion von dem Seienden überhaupt, als wie es seinen Seinssinn und seine Geltung aus der korrelativen intentionalen Konstitution schöpft. Das befaßt auch das Sein der transzendentalen Subjektivität selbst, deren erweisbares Wesen es ist, transzendental in sich und für sich konstituierte zu sein. Demnach ist eine durchgeführte Phänomenologie gegenüber der nur scheinbar universalen Ontologie in der Positivität die wahrhaft universale — eben dadurch die dogmatische Einseitigkeit und damit Unverständlichkeit der ersteren überwindend, während sie doch deren rechtmäßige Gehalte in sich befassen muß als in der intentionalen Konstitution ursprünglich begründet.

12. Die Phänomenologie und die Grundlagenkrisis der exakten Wissenschaften

Überlegen wir das Wie dieses Enthaltens, so ist damit gemeint, daß jedes Apriori in seiner Seinsgültigkeit festgelegt ist *als* transzendentale Leistung, also in eins mit den Wesensgestalten ihrer Konstitution, der Arten und Stufen ihrer Selbstgebung und Bewährung und der zugehörigen Habitualitäten. Darin liegt, daß in und mit der *Feststellung* des Apriori die subjektive *Methode* dieser Feststellung durchsichtig gemacht ist, daß es also für die apriorischen Disziplinen, die innerhalb der Phänomenologie zur Begründung kommen (z. B. als mathematische Wissenschaften) keine »Paradoxien«, keine »Grundlagenkrisen« geben kann. Hinsichtlich der historisch gewordenen apriorischen Wissenschaften, geworden in transzendentaler Naivität, ergibt sich als Konsequenz, daß nur eine radikale phänomenologische Begründung sie in echte, methodisch sich völlig rechtfertigende Wissenschaften verwandeln kann. Eben damit aber hören sie auf, positive (dogmatische) Wissenschaften zu sein und werden zu unselbständigen Zweigen der einen Phänomenologie als universaler eidetischer Ontologie.

13. Die phänomenologische Begründung der Tatsachenwissenschaften und die empirische Phänomenologie

Diese unendliche Aufgabe, das vollständige Universum des Apriori in seiner transzendentalen Rückbezogenheit auf sich selbst und damit in seiner Eigenständigkeit und vollendeten methodischen Klarheit darzustellen, ist ihrerseits eine Funktion der Methode für die Erzielung einer universalen und dabei voll begründeten Wissenschaft von der empirischen Faktizität. Innerhalb der Positivität fordert echte (relativ echte) empirische Wissenschaft die methodische Fundamentierung durch eine entsprechende apriorische Wissenschaft. Nehmen wir das Universum aller möglichen empirischen Wissenschaften überhaupt und fordern eine *radikale*, von allen Grundlagenkrisen befreite Begründung, so führt das auf das universale Apriori in der radikalen, das ist phänomenologischen Begründung. Die echte Gestalt einer universalen Wissenschaft der Faktizität ist also die phänomenologische, als das ist sie universale Wissenschaft von der faktischen transzendentalen Intersubjektivität auf dem methodischen Fundament der eidetischen Phänomenologie als Wissenschaft von einer möglichen transzendentalen Subjektivität überhaupt. Danach versteht und rechtfertigt sich die *Idee einer empirischen*, der eidetischen nachkommenden *Phänomenologie*. Sie ist identisch mit dem vollständigen systematischen Universum der positiven Wissenschaften, wofern wir sie nur von vornherein methodisch absolut begründet denken durch die eidetische Phänomenologie.

14. Die vollständige Phänomenologie als universale Philosophie

Eben damit restituiert sich der ursprünglichste Begriff der Philosophie als universaler Wissenschaft aus radikaler Selbstrechtfertigung — die im alten platonischen und wiederum im cartesianischen Sinn allein Wissenschaft ist. Die streng systematisch durchgeführte Phänomenologie des vorhin erweiterten Sinnes ist identisch mit dieser *alle* echte Erkenntnis umspannenden Philosophie. Sie zerfällt in die eidetische Phänomenologie (oder universale Ontologie) als *Erste Philosophie* und in die *Zweite Philosophie*, die Wissenschaft vom Universum der Fakta oder der sie alle synthetisch beschließenden transzendentalen Intersubjektivität. Die Erste Philosophie ist das Universum der Methode für die Zweite und ist auf sich selbst zurückbezogen in ihrer methodischen Begründung.

15. Die »höchsten und letzten« Probleme als phänomenologische

In der Phänomenologie haben alle vernünftigen Probleme ihre Stelle, also auch die traditionell sich als in irgend einem besonderen Sinn als philosophisch bezeichnenden; aus den absoluten Quellen transzendentaler Erfahrung bzw. eidetischer Anschauung erhalten sie erst in der Phänomenologie ihre echte Formulierung und die gangbaren Wege ihrer Lösung. In ihrer universalen Selbstbezogenheit erkennt die Phänomenologie ihre eigene Funktion in einem möglichen transzendentalen Menschheitsleben. Sie erkennt die aus ihm herauszuschauenden absoluten Normen, aber auch seine ursprüngliche teleologisch-tendenziöse Struktur in Richtung auf die Enthüllung dieser Normen und ihre praktische bewußte Auswirkung. Sie erkennt sich dann als Funktion der universalen Selbstbesinnung der (transzendentalen) Menschheit im Dienste einer universalen Vernunftpraxis, das ist im Dienste des durch die Enthüllung frei werdenden Strebens in Richtung auf die im Unendlichen liegende universale Idee absoluter Vollkommenheit oder, was dasselbe, in Richtung auf die — im Unendlichen liegende — Idee einer Menschheit, die in der Tat und durchaus in Wahrheit und Echtheit sein und leben würde. Sie erkennt ihre selbstbesinnliche Funktion für die relative Verwirklichung der korrelativen praktischen Idee eines im zweiten Sinne echten Menschheitslebens (dessen Wesensgestalten und praktische Normen sie zu erforschen hat), nämlich als eines bewußt und willentlich auf jene absolute Idee gerichteten. Kurzum die metaphysisch teleologischen, die ethischen, die geschichtsphilosophischen Probleme nicht minder wie selbstverständlich die Probleme der urteilenden Vernunft liegen in ihrem Rahmen, nicht anders wie alle sinnvollen Probleme überhaupt und alle in ihrer innersten synthetischen Einheit und ihrer Ordnung als solche der transzendentalen Geistigkeit.

16. Die phänomenologische Auflösung aller philosophischen Gegensätze

In der systematischen, von den anschaulichen Gegebenheiten zu den abstrakten Höhen fort-
schreitenden Arbeit der Phänomenologie lösen sich von selbst und ohne Künste einer argumen-
tierenden Dialektik und ohne schwächliche Bemühung und Kompromisse die altüberlieferten
vieldeutigen Gegensätze philosophischer Standpunkte auf, Gegensätze wie die zwischen Rationalismus (Platonismus) und Empirismus, Relativismus und Absolutismus, Subjektivismus und
Objektivismus, Ontologismus und Transzendentalismus, Psychologismus und Antipsychologis-
mus, Positivismus und Metaphysik, teleologischer und kausalistischer Weltauffassung. Überall
berechtigte Motive, überall aber Halbheiten oder unzulässige Verabsolutierungen von nur relativ und abstraktiv berechtigten Einseitigkeiten. Der *Subjektivismus* kann nur durch den universalsten und konsequentesten Subjektivismus (den transzendentalen) überwunden werden. In
dieser Gestalt ist er zugleich Objektivismus, sofern er das Recht jedweder durch einstimmige
Erfahrung auszuweisenden Objektivität vertritt, aber freilich auch ihren vollen und echten Sinn
zur Geltung bringt, an dem sich der vermeinte realistische Objektivismus in seinem Unverständ-
nis der transzendentalen Konstitution versündigt. Der *Relativismus* kann nur durch den universalsten Relativismus überwunden werden, den der transzendentalen Phänomenologie, die die
Relativität alles »objektiven« Seins als transzendental konstituierten verständlich macht, aber in
eins damit auch die radikalste Relativität, die der transzendentalen Subjektivität auf sich selbst.
Eben dies weist sich aber als der einzig mögliche Sinn des »absoluten« Seins aus — gegenüber
allem zu ihm relativen »objektiven« Sein — nämlich als »Für-sich-selbst«-Sein der transzendentalen Subjektivität. Wieder: der *Empirismus* kann nur durch den universalsten und konsequentesten Empirismus überwunden werden, der für die beschränkte »Erfahrung« der Empiristen
den notwendig erweiterten Erfahrungsbegriff der originär gebenden Anschauung setzt, die in
allen ihren Gestalten (Anschauung vom Eidos, apodiktische Evidenz, phänomenologische We-
sensanschauung usw.) durch phänomenologische Klärung Art und Form ihrer Rechtgebung erweist. Die Phänomenologie als Eidetik ist andererseits rationalistisch; sie überwindet aber den
beschränkten dogmatischen *Rationalismus* durch den universalsten der auf die transzendentale Subjektivität, auf Ich, Bewußtsein und bewußte Gegenständlichkeit einheitlich bezogenen
Wesensforschung. Ebenso hinsichtlich der anderen mitverflochtenen Gegensätze. Die Zurück-
führung alles Seins auf die transzendentale Subjektivität und ihre konstitutiven intentionalen
Leistungen läßt, um noch eins zu erwähnen, keine andere als eine *teleologische* Weltbetrachtung
offen. Und doch erkennt die Phänomenologie auch einen Kern der Wahrheit dem *Naturalismus*
(bzw. Sensualismus) zu. Indem sie nämlich die Assoziationen als ein intentionales Phänomen
sichtlich macht, ja als eine ganze Typik von Gestalten passiver intentionaler Synthesis mit einer Wesensgesetzmäßigkeit transzendentaler und rein passiver Genesis, weist sie im *Hume*schen
Fiktionalismus, insbesondere in seiner Lehre vom Ursprung der Fiktionen Ding, verharrende
Existenz, Kausalität Vorentdeckungen nach, verhüllt in absurden Theorien.

   Die phänomenologische Philosophie sieht sich in ihrer ganzen Methode als reine Auswirkung der methodischen Intentionen an, die schon die griechische Philosophie seit ihren Anfängen bewegen; vor allem aber der noch lebendigen Intentionen, die von *Descartes* in den beiden
Linien des Rationalismus und Empirismus über *Kant* und den deutschen Idealismus in unsere verworrene Gegenwart hineinreichen. Reine Auswirkung methodischer Intentionen besagt
wirkliche Methode, die die Probleme in die Bahnen konkret handanlegender und erledigender
Arbeit bringt. Diese Bahn ist in der Weise echter Wissenschaft eine unendliche. Demnach
fordert die Phänomenologie vom Phänomenologen, für sich dem Ideal eines philosophischen
Systems zu entsagen und doch als bescheidener Arbeiter in Gemeinschaft mit anderen für eine
philosophia perennis zu leben.